Das 4. Lehrbuch
aus dem Alten Testament der Bibel

Der Prediger Salomo

Worum geht es im Leben?
Wie kann man es meistern?
Der Prediger denkt nach
über Sinn und Ziel.

Übersetzung nach
Martin Luther 1545

Bibliografische Information der Deutschen Nationalbibliothek:
Die Deutsche Nationalbibliothek verzeichnet diese Publikation in der Deutschen Nationalbibliografie; detaillierte bibliografische Daten sind im Internet über http://dnb.dnb.de abrufbar.

TWENTYSIX – Der Self-Publishing-Verlag
Eine Kooperation zwischen der Verlagsgruppe Random House und BoD – Books on Demand

Herstellung und Verlag:
BoD – Books on Demand, Norderstedt

ISBN: 978-3-740-76525-5

Übersetzung: **Martin Luther 1545**

Layout, Schriftsatz, Formatierung:
Antonia Katharina Tessnow
www.antonia-katharina.de

1. Kapitel

Eitelkeit aller irdischen Dinge.

1 Dies sind die Reden des Predigers, des Sohnes Davids, des Königs zu Jerusalem.

2 Es ist alles ganz eitel, sprach der Prediger, es ist alles ganz eitel.

3 Was hat der Mensch für Gewinn von aller seiner Mühe, die er hat unter der Sonne?

4 Ein Geschlecht vergeht, das andere kommt; die Erde aber bleibt ewiglich.

5 Die Sonne geht auf und geht unter und läuft an ihren Ort, daß sie wieder daselbst aufgehe.

6 Der Wind geht gen Mittag und kommt herum zur Mitternacht und wieder herum an den Ort, da er anfing.

7 Alle Wasser laufen ins Meer, doch wird das Meer nicht voller; an den Ort, da sie her fließen, fließen sie wieder hin.

8 Es sind alle Dinge so voll Mühe, daß es niemand ausreden kann. Das Auge sieht

sich nimmer satt, und das Ohr hört sich nimmer satt.

9 Was ist's, das geschehen ist? Eben das hernach geschehen wird. Was ist's, das man getan hat? Eben das man hernach tun wird; und geschieht nichts Neues unter der Sonne.

10 Geschieht auch etwas, davon man sagen möchte: Siehe, das ist neu? Es ist zuvor auch geschehen in den langen Zeiten, die vor uns gewesen sind.

11 Man gedenkt nicht derer, die zuvor gewesen sind; also auch derer, so hernach kommen, wird man nicht gedenken bei denen, die darnach sein werden.

12 Ich, der Prediger, war König zu Jerusalem

13 und richtete mein Herz zu suchen und zu forschen weislich alles, was man unter dem Himmel tut. Solche unselige Mühe hat Gott den Menschenkindern gegeben, daß sie sich darin müssen quälen.

14 Ich sah an alles Tun, das unter der Sonne geschieht; und siehe, es war alles eitel und Haschen nach dem Wind.

15 Krumm kann nicht schlicht werden

noch, was fehlt, gezählt werden.

16 Ich sprach in meinem Herzen: Siehe, ich bin herrlich geworden und habe mehr Weisheit denn alle, die vor mir gewesen sind zu Jerusalem, und mein Herz hat viel gelernt und erfahren.

17 Und richtete auch mein Herz darauf, daß ich erkennte Weisheit und erkennte Tollheit und Torheit. Ich ward aber gewahr, daß solches auch Mühe um Wind ist.

18 Denn wo viel Weisheit ist, da ist viel Grämens; und wer viel lernt, der muß viel leiden.

2. Kapitel

Irdisches Vergnügen, selbst der frohe Genuß der Arbeit ist eitel.

1 Ich sprach in meinem Herzen: Wohlan, ich will wohl leben und gute Tage haben! Aber siehe, das war auch eitel.

2 Ich sprach zum Lachen: Du bist toll! und zur Freude: Was machst du?

3 Da dachte ich in meinem Herzen,

meinen Leib mit Wein zu pflegen, doch also, daß mein Herz mich mit Weisheit leitete, und zu ergreifen, was Torheit ist, bis ich lernte, was dem Menschen gut wäre, daß sie tun sollten, solange sie unter dem Himmel leben.

4 Ich tat große Dinge: ich baute Häuser, pflanzte Weinberge;

5 ich machte mir Gärten und Lustgärten und pflanzte allerlei fruchtbare Bäume darein;

6 ich machte mir Teiche, daraus zu wässern den Wald der grünenden Bäume;

7 ich hatte Knechte und Mägde und auch Gesinde, im Hause geboren; ich hatte eine größere Habe an Rindern und Schafen denn alle, die vor mir zu Jerusalem gewesen waren;

8 ich sammelte mir auch Silber und Gold und von den Königen und Ländern einen Schatz; ich schaffte mir Sänger und Sängerinnen und die Wonne der Menschen, allerlei Saitenspiel;

9 und nahm zu über alle, die vor mir zu Jerusalem gewesen waren; [Und ich wurde größer und reicher als alle, die vor

mir in Jerusalem waren. (1)] auch blieb meine Weisheit bei mir;

10 und alles, was meine Augen wünschten, das ließ ich ihnen und wehrte meinem Herzen keine Freude, daß es fröhlich war von aller meiner Arbeit; und das hielt ich für mein Teil von aller meiner Arbeit.

11 Da ich aber ansah alle meine Werke, die meine Hand gemacht hatte, und die Mühe, die ich gehabt hatte, siehe, da war es alles eitel und Haschen nach dem Wind und kein Gewinn unter der Sonne.

12 Da wandte ich mich, zu sehen die Weisheit und die Tollheit und Torheit. Denn wer weiß, was der für ein Mensch werden wird nach dem König, den sie schon bereit gemacht haben?

13 Da ich aber sah, daß die Weisheit die Torheit übertraf wie das Licht die Finsternis;

14 daß dem Weisen seine Augen im Haupt stehen, aber die Narren in der Finsternis gehen; und merkte doch, daß es einem geht wie dem andern.

15 Da dachte ich in meinem Herzen: Weil es denn mir geht wie dem Narren,

warum habe ich denn nach Weisheit getrachtet? Da dachte ich in meinem Herzen, daß solches auch eitel sei.

16 Denn man gedenkt des Weisen nicht immerdar, ebenso wenig wie des Narren, und die künftigen Tage vergessen alles; und wie der Narr stirbt, also auch der Weise.

17 Darum verdroß mich zu leben; denn es gefiel mir übel, was unter der Sonne geschieht, daß alles eitel ist und Haschen nach dem Wind.

18 Und mich verdroß alle meine Arbeit, die ich unter der Sonne hatte, daß ich dieselbe einem Menschen lassen müßte, der nach mir sein sollte.

19 Denn wer weiß, ob er weise oder toll sein wird? und soll doch herrschen in aller meiner Arbeit, die ich weislich getan habe unter der Sonne. Das ist auch eitel.

20 Darum wandte ich mich, daß mein Herz abließe von aller Arbeit, die ich tat unter der Sonne.

21 Denn es muß ein Mensch, der seine Arbeit mit Weisheit, Vernunft und Geschicklichkeit getan hat, sie einem andern zum Erbteil lassen, der nicht

daran gearbeitet hat. Das ist auch eitel und ein großes Unglück.

22 Denn was kriegt der Mensch von aller seiner Arbeit und Mühe seines Herzens, die er hat unter der Sonne?

23 Denn alle seine Lebtage hat er Schmerzen mit Grämen und Leid, daß auch sein Herz des Nachts nicht ruht. Das ist auch eitel.

24 Ist's nun nicht besser dem Menschen, daß er esse und trinke und seine Seele guter Dinge sei in seiner Arbeit? Aber solches sah ich auch, daß es von Gottes Hand kommt.

25 Denn wer kann fröhlich essen und sich ergötzen ohne ihn?

26 Denn dem Menschen, der ihm gefällt, gibt er Weisheit, Vernunft und Freude; aber dem Sünder gibt er Mühe, daß er sammle und häufe, und es doch dem gegeben werde, der Gott gefällt. Darum ist das auch eitel und Haschen nach dem Wind.

3. Kapitel

Alles Tun der Menschen hat seine Zeit;
Gottes Tun besteht.
Fürchte Gott
und sei zufrieden mit Deinem Teil!

1 Ein jegliches hat seine Zeit, und alles Vornehmen unter dem Himmel hat seine Stunde.

2 Geboren werden und sterben, pflanzen und ausrotten, was gepflanzt ist,

3 würgen und heilen, brechen und bauen,

4 weinen und lachen, klagen und tanzen,

5 Steine zerstreuen und Steine sammeln, herzen und ferne sein von Herzen,

6 suchen und verlieren, behalten und wegwerfen,

7 zerreißen und zunähen, schweigen und reden,

8 lieben und hassen, Streit und Friede hat seine Zeit.

9 Man arbeite, wie man will, so hat man doch keinen Gewinn davon.

10 Ich sah die Mühe, die Gott den Menschen gegeben hat, daß sie darin

geplagt werden.

11 Er aber tut alles fein zu seiner Zeit und läßt ihr Herz sich ängsten, wie es gehen solle in der Welt; denn der Mensch kann doch nicht treffen das Werk, das Gott tut, weder Anfang noch Ende.

12 Darum merkte ich, daß nichts Besseres darin ist denn fröhlich sein und sich gütlich tun in seinem Leben.

13 Denn ein jeglicher Mensch, der da ißt und trinkt und hat guten Mut in aller seiner Arbeit, das ist eine Gabe Gottes.

14 Ich merkte, daß alles, was Gott tut, das besteht immer: man kann nichts dazutun noch abtun; und solches tut Gott, daß man sich vor ihm fürchten soll.

15 Was geschieht, das ist zuvor geschehen, und was geschehen wird, ist auch zuvor geschehen; und Gott sucht wieder auf, was vergangen ist.

16 Weiter sah ich unter der Sonne Stätten des Gerichts, da war ein gottlos Wesen, und Stätten der Gerechtigkeit, da waren Gottlose.

17 Da dachte ich in meinem Herzen: Gott muß richten den Gerechten und den Gottlosen; denn es hat alles Vornehmen

seine Zeit und alle Werke.

18 Ich sprach in meinem Herzen: Es geschieht wegen der Menschenkinder, auf daß Gott sie prüfe und sie sehen, daß sie an sich selbst sind wie das Vieh.

19 Denn es geht dem Menschen wie dem Vieh: wie dies stirbt, so stirbt er auch, und haben alle einerlei Odem, und der Mensch hat nichts mehr als das Vieh; denn es ist alles eitel.

20 Es fährt alles an einen Ort; es ist alles von Staub gemacht und wird wieder zu Staub.

21 Wer weiß, ob der Odem der Menschen aufwärts fahre und der Odem des Viehes abwärts unter die Erde fahre?

22 So sah ich denn, daß nichts Besseres ist, als daß ein Mensch fröhlich sei in seiner Arbeit; denn das ist sein Teil. Denn wer will ihn dahin bringen, daß er sehe, was nach ihm geschehen wird?

4. Kapitel

Der Arme ist ohne Trost,
der Fleißige ohne Ruhe,
selbst der König ohne Sicherheit.

1 Ich wandte mich um und sah an alles Unrecht, das geschah unter der Sonne; und siehe, da waren die Tränen derer, so Unrecht litten und hatten keinen Tröster; und die ihnen Unrecht taten, waren zu mächtig, daß sie keinen Tröster haben konnten.

2 Da lobte ich die Toten, die schon gestorben waren, mehr denn die Lebendigen, die noch das Leben hatten;

3 und besser als alle beide ist, der noch nicht ist und des Bösen nicht innewird, das unter der Sonne geschieht.

4 Ich sah an Arbeit und Geschicklichkeit in allen Sachen; da neidet einer den andern. Das ist auch eitel und Haschen nach dem Wind.

5 Ein Narr schlägt die Finger ineinander und verzehrt sich selbst.

6 Es ist besser eine Handvoll mit Ruhe denn beide Fäuste voll mit Mühe und

Haschen nach Wind.

7 Ich wandte mich um und sah die Eitelkeit unter der Sonne.

8 Es ist ein einzelner, und nicht selbander, und hat weder Kind noch Bruder; doch ist seines Arbeitens kein Ende, und seine Augen werden Reichtums nicht satt. Wem arbeite ich doch und breche meiner Seele ab? Das ist auch eitel und eine böse Mühe.

9 So ist's ja besser zwei als eins; denn sie genießen doch ihrer Arbeit wohl.

10 Fällt ihrer einer so hilft ihm sein Gesell auf. Weh dem, der allein ist! Wenn er fällt, so ist keiner da, der ihm aufhelfe.

11 Auch wenn zwei beieinander liegen, wärmen sie sich; wie kann ein einzelner warm werden?

12 Einer mag überwältigt werden, aber zwei mögen widerstehen; und eine dreifältige Schnur reißt nicht leicht entzwei.

13 Ein armes Kind, das weise ist, ist besser denn ein alter König, der ein Narr ist und weiß nicht sich zu hüten.

14 Es kommt einer aus dem Gefängnis zum Königreich; und einer, der in seinem

Königreich geboren ist, verarmt.

15 Und ich sah, daß alle Lebendigen unter der Sonne wandelten bei dem andern, dem Kinde, das an jenes Statt sollte aufkommen.

[Ich sah, wie all die Lebenden, die unter der Sonne wandeln, schon auf der Seite eines nächsten Kindes standen, das an seine Stelle treten sollte. (2)]

16 Und des Volks, das vor ihm ging, war kein Ende und des, das ihm nachging; und wurden sein doch nicht froh. Das ist auch eitel und Mühe um Wind.

17 Bewahre deinen Fuß, wenn du zum Hause Gottes gehst, und komme, daß du hörst. Das ist besser als der Narren Opfer; denn sie wissen nicht, was sie Böses tun.

5. Kapitel

Warnung vor unbedachtsamem Reden,
Eitelkeit des Reichtums, Genügsamkeit.

1 Sei nicht schnell mit deinem Munde und laß dein Herz nicht eilen, was zu reden vor Gott; denn Gott ist im Himmel,

und du auf Erden; darum laß deiner Worte wenig sein.

2 Denn wo viel Sorgen ist, da kommen Träume; und wo viel Worte sind, da hört man den Narren.

3 Wenn du Gott ein Gelübde tust, so verzieh nicht, es zu halten; denn er hat kein Gefallen an den Narren. Was du gelobst, das halte.

4 Es ist besser, du gelobst nichts, denn daß du nicht hältst, was du gelobst.

5 Laß deinem Mund nicht zu, daß er dein Fleisch verführe; und sprich vor dem Engel nicht: Es ist ein Versehen. Gott möchte erzürnen über deine Stimme und verderben alle Werke deiner Hände.

6 Wo viel Träume sind, da ist Eitelkeit und viel Worte; aber fürchte du Gott.

7 Siehst du dem Armen Unrecht tun und Recht und Gerechtigkeit im Lande wegreißen, wundere dich des Vornehmens nicht; denn es ist ein hoher Hüter über den Hohen und sind noch Höhere über die beiden.

8 Und immer ist's Gewinn für ein Land, wenn ein König da ist für das Feld, das man baut.

9 Wer Geld liebt, wird Geldes nimmer satt; und wer Reichtum liebt, wird keinen Nutzen davon haben. Das ist auch eitel.

10 Denn wo viel Guts ist, da sind viele, die es essen; und was genießt davon, der es hat, außer daß er's mit Augen ansieht?

11 Wer arbeitet, dem ist der Schlaf süß, er habe wenig oder viel gegessen; aber die Fülle des Reichen läßt ihn nicht schlafen.

12 Es ist ein böses Übel, das ich sah unter der Sonne: Reichtum, behalten zum Schaden dem, der ihn hat.

13 Denn der Reiche kommt um mit großem Jammer; und so er einen Sohn gezeugt hat, dem bleibt nichts in der Hand.

14 Wie er nackt ist von seine Mutter Leibe gekommen, so fährt er wieder hin, wie er gekommen ist, und nimmt nichts mit sich von seiner Arbeit in seiner Hand, wenn er hinfährt.

15 Das ist ein böses Übel, daß er hinfährt, wie er gekommen ist. Was hilft's ihm denn, daß er in den Wind gearbeitet hat?

16 Sein Leben lang hat er im Finstern

gegessen und in großem Grämen und Krankheit und Verdruß.

17 So sehe ich nun das für gut an, daß es fein sei, wenn man ißt und trinkt und gutes Muts ist in aller Arbeit, die einer tut unter der Sonne sein Leben lang, das Gott ihm gibt; denn das ist sein Teil.

18 Denn welchem Menschen Gott Reichtum und Güter gibt und die Gewalt, daß er davon ißt und trinkt für sein Teil und fröhlich ist in seiner Arbeit, das ist eine Gottesgabe.

19 Denn er denkt nicht viel an die Tage seines Lebens, weil Gott sein Herz erfreut.

6. Kapitel

Reichtum und Ehre sind auch eitel.

1 Es ist ein Unglück, das ich sah unter der Sonne, und ist gemein bei den Menschen:

2 einer, dem Gott Reichtum, Güter und Ehre gegeben hat und mangelt ihm keins, das sein Herz begehrt; und Gott gibt doch

ihm nicht Macht, es zu genießen, sondern ein anderer verzehrt es; das ist eitel und ein böses Übel.

3 Wenn einer gleich hundert Kinder zeugte und hätte langes Leben, daß er viele Jahre überlebte, und seine Seele sättigte sich des Guten nicht und bliebe ohne Grab, von dem spreche ich, daß eine unzeitige Geburt besser sei denn er.

4 Denn in Nichtigkeit kommt sie, und in Finsternis fährt sie dahin, und ihr Name bleibt in Finsternis bedeckt,

5 auch hat sie die Sonne nicht gesehen noch gekannt; so hat sie mehr Ruhe denn jener.

6 Ob er auch zweitausend Jahre lebte, und genösse keines Guten: kommt's nicht alles an einen Ort?

7 Alle Arbeit des Menschen ist für seinen Mund; aber doch wird die Seele nicht davon satt.

8 Denn was hat ein Weiser mehr als ein Narr? Was hilft's den Armen, daß er weiß zu wandeln vor den Lebendigen?

9 Es ist besser, das gegenwärtige Gut gebrauchen, denn nach anderm gedenken. Das ist auch Eitelkeit und

Haschen nach Wind.

10 Was da ist, des Name ist zuvor genannt, und es ist bestimmt, was ein Mensch sein wird; und er kann nicht hadern mit dem, der ihm zu mächtig ist.

11 Denn es ist des eitlen Dinges zuviel; was hat ein Mensch davon?

12 Denn wer weiß, was dem Menschen nütze ist im Leben, solange er lebt in seiner Eitelkeit, welches dahinfährt wie ein Schatten? Oder wer will dem Menschen sagen, was nach ihm kommen wird unter der Sonne?

7. Kapitel

Empfehlung der Weisheit,
Zufriedenheit und Einfachheit.

1 Ein guter Ruf ist besser denn gute Salbe, und der Tag des Todes denn der Tag der Geburt.

2 Es ist besser in das Klagehaus gehen, denn in ein Trinkhaus; in jenem ist das Ende aller Menschen, und der Lebendige nimmt's zu Herzen.

3 Es ist Trauern besser als Lachen; denn durch Trauern wird das Herz gebessert.

4 Das Herz der Weisen ist im Klagehause, und das Herz der Narren im Hause der Freude.

5 Es ist besser hören das Schelten der Weisen, denn hören den Gesang der Narren.

6 Denn das Lachen der Narren ist wie das Krachen der Dornen unter den Töpfen; und das ist auch eitel.

7 Ein Widerspenstiger macht einen Weisen unwillig und verderbt ein mildtätiges Herz.

8 Das Ende eines Dinges ist besser denn sein Anfang. Ein geduldiger Geist ist besser denn ein hoher Geist.

9 Sei nicht schnellen Gemütes zu zürnen; denn Zorn ruht im Herzen eines Narren.

10 Sprich nicht: Was ist's, daß die vorigen Tage besser waren als diese? denn du fragst solches nicht weislich.

11 Weisheit ist gut mit einem Erbgut und hilft, daß sich einer der Sonne freuen kann.

12 Denn die Weisheit beschirmt, so beschirmt Geld auch; aber die Weisheit

gibt das Leben dem, der sie hat.

[Denn im Schatten der Weisheit ist man ebenso geborgen wie im Schatten des Geldes; aber der Vorzug der Erkenntnis besteht darin, daß die Weisheit ihrem Besitzer das Leben erhält. (3)]

13 Siehe an die Werke Gottes; denn wer kann das schlicht machen, was er krümmt?

14 Am guten Tage sei guter Dinge, und den bösen Tag nimm auch für gut; denn diesen schafft Gott neben jenem, daß der Mensch nicht wissen soll, was künftig ist.

15 Allerlei habe ich gesehen in den Tagen meiner Eitelkeit. Da ist ein Gerechter, und geht unter mit seiner Gerechtigkeit; und ein Gottloser, der lange lebt in seiner Bosheit.

16 Sei nicht allzu gerecht und nicht allzu weise, daß du dich nicht verderbest.

17 Sei nicht allzu gottlos und narre nicht, daß du nicht sterbest zur Unzeit.

18 Es ist gut, daß du dies fassest und jenes auch nicht aus deiner Hand lässest; denn wer Gott fürchtet, der entgeht dem allem.

19 Die Weisheit stärkt den Weisen mehr

denn zehn Gewaltige, die in der Stadt sind.

20 Denn es ist kein Mensch so gerecht auf Erden, daß er Gutes tue und nicht sündige.

21 Gib auch nicht acht auf alles, was man sagt, daß du nicht hören müssest deinen Knecht dir fluchen.

22 Denn dein Herz weiß, daß du andern oftmals geflucht hast.

23 Solches alles habe ich versucht mit Weisheit. Ich gedachte, ich will weise sein; sie blieb aber ferne von mir.

24 Alles, was da ist, das ist ferne und sehr tief; wer will's finden?

25 Ich kehrte mein Herz, zu erfahren und erforschen und zu suchen Weisheit und Kunst, zu erfahren der Gottlosen Torheit und Irrtum der Tollen,

26 und fand, daß bitterer sei denn der Tod ein solches Weib, dessen Herz Netz und Strick ist und deren Hände Bande sind. Wer Gott gefällt, der wird ihr entrinnen; aber der Sünder wird durch sie gefangen.

27 Schau, das habe ich gefunden, spricht der Prediger, eins nach dem andern, daß

ich Erkenntnis fände.

28 Und meine Seele sucht noch und hat's nicht gefunden: unter tausend habe ich einen Mann gefunden; aber ein Weib habe ich unter den allen nicht gefunden.

29 Allein schaue das: ich habe gefunden, daß Gott den Menschen hat aufrichtig gemacht; aber sie suchen viele Künste.

8. Kapitel

Gehorsam gegen die Obrigkeit.
Denen, die Gott fürchten,
geht's dennoch wohl.

1 Wer ist wie der Weise, und wer kann die Dinge auslegen? Die Weisheit des Menschen erleuchtet sein Angesicht; aber ein freches Angesicht wird gehaßt.

2 Halte das Wort des Königs und den Eid Gottes.

3 Eile nicht zu gehen von seinem Angesicht, und bleibe nicht in böser Sache; denn er tut, was er will.

4 In des Königs Wort ist Gewalt; und wer mag zu ihm sagen: Was machst du?

5 Wer das Gebot hält, der wird nichts Böses erfahren; aber eines Weisen Herz weiß Zeit und Weise.

6 Denn ein jeglich Vornehmen hat seine Zeit und Weise; denn des Unglücks des Menschen ist viel bei ihm.

7 Denn er weiß nicht, was geschehen wird; und wer soll ihm sagen, wie es werden soll?

8 Ein Mensch hat nicht Macht über den Geist, den Geist zurückzuhalten, und hat nicht Macht über den Tag des Todes, und keiner wird losgelassen im Streit; und das gottlose Wesen errettet den Gottlosen nicht.

9 Das habe ich alles gesehen, und richtete mein Herz auf alle Werke, die unter der Sonne geschehen. Ein Mensch herrscht zuzeiten über den andern zu seinem Unglück.

10 Und da sah ich Gottlose, die begraben wurden und zur Ruhe kamen; aber es wandelten hinweg von heiliger Stätte und wurden vergessen in der Stadt die, so recht getan hatten. Das ist auch eitel.

11 Weil nicht alsbald geschieht ein Urteil

über die bösen Werke, dadurch wird das Herz der Menschen voll, Böses zu tun.

12 Ob ein Sünder hundertmal Böses tut und lange lebt, so weiß ich doch, daß es wohl gehen wird denen, die Gott fürchten, die sein Angesicht scheuen.

13 Aber dem Gottlosen wird es nicht wohl gehen; und wie ein Schatten werden nicht lange leben, die sich vor Gott nicht fürchten.

14 Es ist eine Eitelkeit, die auf Erden geschieht: es sind Gerechte, denen geht es als hätten sie Werke der Gottlosen, und sind Gottlose, denen geht es als hätten sie Werke der Gerechten. Ich sprach: Das ist auch eitel.

15 Darum lobte ich die Freude, daß der Mensch nichts Besseres hat unter der Sonne denn essen und trinken und fröhlich sein; und solches werde ihm von der Arbeit sein Leben lang, das ihm Gott gibt unter der Sonne.

[Und ich pries die Freude, weil es für den Menschen nichts Besseres unter der Sonne gibt, als zu essen und zu trinken und sich zu freuen. Und dies wird ihn begleiten bei seinem Mühen die Tage seines Lebens hindurch, die Gott ihm unter der Sonne gegeben hat. (4)]

16 Ich gab mein Herz, zu wissen die Weisheit und zu schauen die Mühe, die auf Erden geschieht, daß auch einer weder Tag noch Nacht den Schlaf sieht mit seinen Augen.

17 Und ich sah alle Werke Gottes, daß ein Mensch das Werk nicht finden kann, das unter der Sonne geschieht; und je mehr der Mensch arbeitet, zu suchen, je weniger er findet. Wenn er gleich spricht: "Ich bin weise und weiß es", so kann er's doch nicht finden.

9. Kapitel

Laß dich nicht irren die äußerliche Gleichheit der Frommen und der Bösen! Genieße fröhlich Gottes Gaben und tue, was dir befohlen ist: die Weisheit triumphiert.

1 Denn ich habe solches alles zu Herzen genommen, zu forschen das alles, daß Gerechte und Weise und ihre Werke sind in Gottes Hand; kein Mensch kennt weder

die Liebe noch den Haß irgend eines, den er vor sich hat.

2 Es begegnet dasselbe einem wie dem andern: dem Gerechten wie dem Gottlosen, dem Guten und Reinen wie dem Unreinen, dem, der opfert, wie dem, der nicht opfert; wie es dem Guten geht, so geht's auch dem Sünder; wie es dem, der schwört, geht, so geht's auch dem, der den Eid fürchtet.

3 Das ist ein böses Ding unter allem, was unter der Sonne geschieht, daß es einem geht wie dem andern; daher auch das Herz der Menschen voll Arges wird, und Torheit ist in ihrem Herzen, dieweil sie leben; darnach müssen sie sterben.

4 Denn bei allen Lebendigen ist, was man wünscht: Hoffnung; [Denn solange einer überhaupt noch zu den Lebenden gehört, so lange hat er noch etwas zu hoffen (5)] denn ein lebendiger Hund ist besser denn ein toter Löwe.

5 Denn die Lebendigen wissen, daß sie sterben werden; die Toten aber wissen nichts, sie haben auch keinen Lohn mehr, denn ihr Gedächtnis ist vergessen,

6 daß man sie nicht mehr liebt noch haßt

noch neidet, und haben kein Teil mehr auf dieser Welt an allem, was unter der Sonne geschieht.

7 So gehe hin und iß dein Brot mit Freuden, trink deinen Wein mit gutem Mut; denn dein Werk gefällt Gott.

8 Laß deine Kleider immer weiß sein und laß deinem Haupt Salbe nicht mangeln.

9 Brauche das Leben mit deinem Weibe, das du liebhast, solange du das eitle Leben hast, das dir Gott unter der Sonne gegeben hat, solange dein eitel Leben währt; denn das ist dein Teil im Leben und in deiner Arbeit, die du tust unter der Sonne.

10 Alles, was dir vor Handen kommt, zu tun, das tue frisch; denn bei den Toten, dahin du fährst, ist weder Werk, Kunst, Vernunft noch Weisheit.

11 Ich wandte mich und sah, wie es unter der Sonne zugeht, daß zum Laufen nicht hilft schnell zu sein, zum Streit hilft nicht stark sein, zur Nahrung hilft nicht geschickt sein, zum Reichtum hilft nicht klug sein; daß einer angenehm sei, dazu hilft nicht, daß er ein Ding wohl kann;

sondern alles liegt an Zeit und Glück.

12 Auch weiß der Mensch seine Zeit nicht; sondern, wie die Fische gefangen werden mit einem verderblichen Haken, und wie die Vögel mit einem Strick gefangen werden, so werden auch die Menschen berückt zur bösen Zeit, wenn sie plötzlich über sie fällt.

13 Ich habe auch diese Weisheit gesehen unter der Sonne, die mich groß deuchte:

14 daß eine kleine Stadt war und wenig Leute darin, und kam ein großer König und belagerte sie und baute große Bollwerke darum,

15 und ward darin gefunden ein armer, weiser Mann, der errettete dieselbe Stadt durch seine Weisheit; und kein Mensch gedachte desselben armen Mannes.

16 Da sprach ich: "Weisheit ist ja besser den Stärke; doch wird des Armen Weisheit verachtet und seinen Worten nicht gehorcht."

17 Der Weisen Worte, in Stille vernommen, sind besser denn der Herren Schreien unter den Narren.

18 Weisheit ist besser denn Harnisch; aber ein einziger Bube verderbt viel Gutes.

10. Kapitel

*Weisheit und Torheit
bei Hohen und Niedern.*

1 Schädliche Fliegen verderben gute Salben; also wiegt ein wenig Torheit schwerer denn Weisheit und Ehre.

2 Des Weisen Herz ist zu seiner Rechten; aber des Narren Herz ist zu seiner Linken.

3 Auch ob der Narr selbst närrisch ist in seinem Tun, doch hält er jedermann für einen Narren.

4 Wenn eines Gewaltigen Zorn wider dich ergeht, so laß dich nicht entrüsten; denn Nachlassen stillt großes Unglück.

5 Es ist ein Unglück, das ich sah unter der Sonne, gleich einem Versehen, das vom Gewaltigen ausgeht:

6 daß ein Narr sitzt in großer Würde, und die Reichen in Niedrigkeit sitzen.

7 Ich sah Knechte auf Rossen, und Fürsten zu Fuß gehen wie Knechte.

8 Aber wer eine Grube macht, der wird selbst hineinfallen; und wer den Zaun zerreißt, den wird eine Schlange stechen.

9 Wer Steine wegwälzt, der wird Mühe damit haben; und wer Holz spaltet, der wird davon verletzt werden.

10 Wenn ein Eisen stumpf wird und an der Schneide ungeschliffen bleibt, muß man's mit Macht wieder schärfen; also folgt auch Weisheit dem Fleiß.

11 Ein Schwätzer ist nichts Besseres als eine Schlange, die ohne Beschwörung sticht.

12 Die Worte aus dem Mund eines Weisen sind holdselig; aber des Narren Lippen verschlingen ihn selbst.

13 Der Anfang seiner Worte ist Narrheit, und das Ende ist schädliche Torheit.

14 Ein Narr macht viele Worte; aber der Mensch weiß nicht, was gewesen ist, und wer will ihm sagen, was nach ihm werden wird?

15 Die Arbeit der Narren wird ihnen sauer, weil sie nicht wissen in die Stadt zu gehen.

16 Weh dir, Land, dessen König ein Kind ist, und dessen Fürsten in der Frühe speisen!

17 Wohl dir, Land, dessen König edel ist, und dessen Fürsten zu rechter Zeit speisen, zur Stärke und nicht zur Lust!

18 Denn durch Faulheit sinken die Balken, und durch lässige Hände wird das Haus triefend.

19 Das macht, sie halten Mahlzeiten, um zu lachen, und der Wein muß die Lebendigen erfreuen, und das Geld muß ihnen alles zuwege bringen.

20 Fluche dem König nicht in deinem Herzen und fluche dem Reichen nicht in deiner Schlafkammer; denn die Vögel des Himmels führen die Stimme fort, und die Fittiche haben, sagen's weiter.

11. Kapitel

Frühe säe deinen Samen!

1 Laß dein Brot über das Wasser fahren, so wirst du es finden nach langer Zeit.

2 Teile aus unter sieben und unter acht;

denn du weißt nicht, was für Unglück auf Erden kommen wird.

3 Wenn die Wolken voll sind, so geben sie Regen auf die Erde; und wenn der Baum fällt, er falle gegen Mittag oder Mitternacht, auf welchen Ort er fällt, da wird er liegen.

4 Wer auf den Wind achtet, der sät nicht; und wer auf die Wolken sieht, der erntet nicht.

5 Gleichwie du nicht weißt den Weg des Windes und wie die Gebeine in Mutterleibe bereitet werden, also kannst du auch Gottes Werk nicht wissen, das er tut überall.

6 Frühe säe deinen Samen und laß deine Hand des Abends nicht ab; denn du weißt nicht, ob dies oder das geraten wird; und ob beides geriete, so wäre es desto besser.

7 Es ist das Licht süß, und den Augen lieblich, die Sonne zu sehen.

8 Wenn ein Mensch viele Jahre lebt, so sei er fröhlich in ihnen allen und gedenke der finstern Tage, daß ihrer viel sein werden; denn alles, was kommt, ist eitel.

9 So freue dich, Jüngling, in deiner

Jugend und laß dein Herz guter Dinge sein in deiner Jugend. Tue, was dein Herz gelüstet und deinen Augen gefällt, und wisse, daß dich Gott um dies alles wird vor Gericht führen.

10 Laß die Traurigkeit aus deinem Herzen und tue das Übel von deinem Leibe; denn Kindheit und Jugend ist eitel.

[Lass dein Herz frei sein von Verdruss, und halte deinem Leib das Übel fern. Denn Jugend und schwarzes Haar sind flüchtig. (6)]

12. Kapitel

Gedenke Gott in deiner Jugend,
so hast du Trost im Alter.
Gottesfurcht ist die Hauptsumme alle Lehre.

1 Gedenke an deinen Schöpfer in deiner Jugend, ehe denn die bösen Tage kommen und die Jahre herzutreten, da du wirst sagen: Sie gefallen mir nicht;

2 ehe denn die Sonne und das Licht, Mond und Sterne finster werden und Wolken wieder kommen nach dem

Regen;

3 zur Zeit, wenn die Hüter im Hause zittern, und sich krümmen die Starken, und müßig stehen die Müller, weil ihrer so wenig geworden sind, und finster werden, die durch die Fenster sehen,

4 und die Türen an der Gasse geschlossen werden, daß die Stimme der Mühle leise wird, und man erwacht, wenn der Vogel singt, und gedämpft sind alle Töchter des Gesangs;

5 wenn man auch vor Höhen sich fürchtet und sich scheut auf dem Wege; wenn der Mandelbaum blüht, und die Heuschrecke beladen wird, und alle Lust vergeht (denn der Mensch fährt hin, da er ewig bleibt, und die Klageleute gehen umher auf der Gasse);

6 ehe denn der silberne Strick wegkomme, und die goldene Schale zerbreche, und der Eimer zerfalle an der Quelle, und das Rad zerbrochen werde am Born.

7 Denn der Staub muß wieder zu der Erde kommen, wie er gewesen ist, und der Geist wieder zu Gott, der ihn gegeben hat.

8 Es ist alles ganz eitel, sprach der Prediger, ganz eitel.

9 Derselbe Prediger war nicht allein weise, sondern lehrte auch das Volk gute Lehre und merkte und forschte und stellte viel Sprüche.

10 Er suchte, daß er fände angenehme Worte, und schrieb recht die Worte der Wahrheit.

11 Die Worte der Weisen sind Stacheln und Nägel; sie sind geschrieben durch die Meister der Versammlungen und von einem Hirten gegeben.

12 Hüte dich, mein Sohn, vor andern mehr; denn viel Büchermachens ist kein Ende, und viel studieren macht den Leib müde.

13 Laßt uns die Hauptsumme aller Lehre hören: Fürchte Gott und halte seine Gebote; denn das gehört allen Menschen zu.

14 Denn Gott wird alle Werke vor Gericht bringen, alles, was verborgen ist, es sei gut oder böse.

Anhang und Register